MARGRET & H. A. REY'S

Curious George
Visits the Library

Jorge el curioso
va a la biblioteca

Illustrated in the style of H. A. Rey by Martha Weston

Ilustrado en el estilo de H. A. Rey por Martha Weston

Translated by Carlos E. Calvo   Traducido por Carlos E. Calvo

Houghton Mifflin Harcourt
Boston New York 2011

Curious George® is a registered trademark of Houghton Mifflin Harcourt Publishing Company.
All rights reserved. For information about permission to reproduce selections from this book,
write to Permissions, Houghton Mifflin Harcourt, 215 Park Avenue South, New York, New York 10003.

www.hmhbooks.com

The text of this book is set in Adobe Garamond.
The illustrations are watercolor.

Library of Congress Cataloging-in-Publication Data is on file.
ISBN 978-0-547-55075-6 pa
ISBN 978-0-547-55074-9 pob

Manufactured in Singapore
TWP 10 9 8 7 6 5 4 3 2 1
4500274521 pa
4500274526 pob

This is George.
He was a good little monkey and always very curious.
Today George and his friend the man with the yellow hat were at the library.

Éste es Jorge.
Es un monito bueno y siente mucha curiosidad por todo.
Hoy, Jorge y su amigo, el señor del sombrero amarillo, estuvieron en la biblioteca.

3

George had never been to the library before. He had never seen so many books before, either. Everywhere he looked, people were reading.

Some people read quietly to themselves.

Jorge nunca había ido a la biblioteca. Tampoco había visto tantos libros. Veía gente leyendo por todos lados. Algunas personas leían en silencio para sí mismas.

But in the children's room the librarian was reading out loud.

Pero en la sala para niños la bibliotecaria estaba leyendo en voz alta.

It was story hour!
George loved stories. He sat down with a group of children to listen.
The librarian was reading a book about a bunny.
George liked bunnies.

¡Era la hora de cuentos!

A Jorge le encantaban los cuentos. Se sentó con un grupo de niños a escuchar.

La bibliotecaria estaba leyendo un libro sobre un conejito.

A Jorge le gustaban los conejitos.

Behind the librarian was a book about a dinosaur. George liked dinosaurs even more. He hoped she would read it next.

Detrás de la bibliotecaria había un libro sobre un dinosaurio. A Jorge le gustaban los dinosaurios aun más. Deseaba que ella leyera ese libro después.

But next the librarian read a book about a train.

Pero después la bibliotecaria leyó un libro sobre un tren.

George tried to sit quietly and wait for the dinosaur book to be read.

Jorge trató de quedarse sentado y esperar a que leyera el libro sobre dinosaurios.

But sometimes it is hard for a little monkey to be patient.

Pero a veces es difícil que un monito tenga paciencia.

When the librarian started a story about jungle animals, George could not wait any longer. He had to see the dinosaur book.

He tiptoed closer.

"Look, a monkey!" shouted a girl.

The librarian put her finger to her lips. "We must be quiet so everyone can hear," she said nicely.

"But there's a monkey!" said a boy.

The librarian nodded and smiled. "Mmm-hmm," she agreed.

Cuando la bibliotecaria empezó a contar un cuento sobre animales de la selva, Jorge no aguantó más. Tenía que ver el libro sobre dinosaurios.

Se acercó en puntas de pie.

—¡Miren! ¡Un mono! —gritó una niña.

La bibliotecaria se acercó el dedo a los labios.

Debemos quedarnos callados para que todos puedan escuchar —dijo amablemente.

—¡Pero hay un mono! —dijo un niño.

La bibliotecaria asintió con la cabeza y sonrió.

—¿Ah, sí? —dijo, haciendo que le creía.

When she finished reading the jungle story, the librarian reached for the dinosaur book.

Where did it go?

And where was George?

Cuando terminó de leer el cuento de la selva, la bibliotecaria buscó el libro sobre dinosaurios.

¿Dónde estaba?

¿Y dónde estaba Jorge?

George was all ready to take the dinosaur book home and read it with his friend when another book caught his eye . . .

Jorge ya estaba listo para llevarse el libro sobre dinosaurios a su casa y leerlo con su amigo, cuando descubrió otro libro...

This book was about trucks.
George wanted to take it home, too!
And here was a book about elephants.
George loved elephants. He added it to his pile.

Este libro trataba de camiones. ¡Jorge también se lo quería llevar!
Y ahí había un libro sobre elefantes. A Jorge le fascinaban los elefantes.
Así que lo agregó a su pila de libros.

George found so many good books, he soon had more than he could carry. He leaned against a shelf to rest.

Squeak, went the shelf.

"Shhh!" said a man.

Squeak, went the shelf again – and it moved! Why, it wasn't really a shelf after all. George had found a special cart for carrying books.

Jorge encontró libros muy buenos, y en poco tiempo tenía más de los que podía cargar. Se apoyó sobre un estante a descansar.

El estante hizo ruido... Criii.

¡Shhh! —chistó un hombre.

Criii... volvió a hacer el estante... ¡y se movió! Porque en realidad no era un estante. Jorge había encontrado un carro especial para llevar libros.

What luck! Now George could carry all the books he wanted.

He rolled the cart between the shelves and stacked up books about boats and kites and baking cakes. He climbed higher to reach books about cranes and planes.

¡Qué suerte! Ahora Jorge podía llevar todos los libros que quisiera. Arrastró el carro entre los estantes y apiló libros sobre botes, cometas y pasteles. Se trepó más alto para alcanzar libros sobre grúas y aviones.

At last George had all the books he could handle. He couldn't wait to head home and start reading. And right in front of him was a ramp leading to the door. George was curious. Could he roll the cart all the way home?

Finalmente, Jorge tenía la mayor cantidad de libros posible. No veía la hora de llegar a casa y empezar a leer. Y justo frente a él había una rampa que iba hacia la puerta. Jorge sintió curiosidad. ¿Podría hacer rodar el carro hasta su casa?

Down the ramp George went. The cart rolled faster and faster.

"Stop!" a library volunteer shouted. "Come back here with my cart!"

But George was too excited to listen. The cart was picking up speed, and George was having fun!

Y allí fue Jorge, bajando por la rampa. El carro rodaba cada vez más rápido.

—¡Alto! —gritó un bibliotecario voluntario—. ¡Devuélveme el carro!

Pero Jorge estaba muy entusiasmado como para escuchar. El carro tomaba más velocidad, ¡y Jorge se divertía mucho!

Until – CRASH! – George and the cart ran smack into a shelf of encyclopedias.

Books flew up in the air.

And so did George! He landed in a big pile right between O and P.

Hasta que... ¡PAS! Jorge y el carro chocaron contra un estante de enciclopedias.

Los libros volaron por el aire.

¡Y Jorge también! Cayó en una gran pila justo entre la O y la P.

"Oh no!" moaned the volunteer when he saw the mess George had made. "How am I going to put away all of these books?"

"I'd like to borrow this one," said a boy from story hour. "And I'll take this one," said a girl.

—¡Oh, no! —se quejó el voluntario al ver el desastre que Jorge había hecho—. ¿Cómo voy a ordenar todos estos libros?

—Me gustaría sacar éste —dijo un niño que venía de la hora de cuentos.
—Y yo voy a sacar éste —dijo una niña.

With help from George and the children, the books were sorted in no time. Soon there was just a small pile of George's favorites left.

Con la ayuda de Jorge y los niños, los libros quedaron ordenados enseguida. Y también quedó una pequeña pila con los favoritos de Jorge.

19

"Would you like to take those books home with you?" the volunteer asked George. Then he took George to a special desk and helped him get his very own library card.

—¿Te gustaría llevarte estos libros? —le preguntó el voluntario a Jorge. Llevó a Jorge a un mostrador especial y lo ayudó a completar su tarjeta de biblioteca.

George was holding his brand-new card when his friend arrived with a stack of books of his own. "There you are, George!" he said. "I see you are all ready to check out."

George and his friend gave their books to the librarian.

She smiled when she saw George's pile. "I was wondering where this dinosaur book went," she said. "It's one of my favorites, too."

The librarian stamped the books and handed them back to George.

Jorge estaba tomando su tarjeta nueva cuando llegó su amigo con su propia pila de libros.

—¡Jorge, aquí estás! —dijo—. Veo que estás listo para sacar los libros.

Jorge y su amigo le dieron los libros a la bibliotecaria.

Ella sonrió al ver la pila de Jorge.

—Me preguntaba adónde había ido a parar este libro sobre dinosaurios —le dijo—. También es uno de mis favoritos.

La bibliotecaria puso un sello en los libros y se los entregó a Jorge.

21

With his books under one arm, George waved goodbye to the volunteer, the librarian, and the children from story hour.

Llevando los libros bajo el brazo, Jorge saludó al voluntario, a la bibliotecaria y a los niños de la hora de cuentos.

"Come see us again, George,"
the librarian said, waving back.
"Enjoy your books!"

—Jorge, regresa a visitarnos
cuando quieras —dijo la bibliotecaria, saludándolo—. ¡Y disfruta
los libros!

23

And he did.
The end.

Y así lo hizo.
Fin